책머리에

　기계문명이 고도로 발달함에 따라 글자 매체를 통한 의사표현에 있어 주로 활자가 이용되고 있는 실정이다.
　그러나 옛날부터 글씨는 그 사람의 인품을 나타내며 쉽게 그리고 편리하게 사용될 것은 당연하다.
　사람은 선천적으로 타고난 소질이 있는 사람과 없는 사람이 있다. 항간에는 흔히들 글씨는 그 소질이 좌우하는 듯 오인하는 사람이 많다. 그러나 글씨는 선천적인 소질보다 후천적인 노력이 더 중요하다.
　자기는 타고난 재주 때문에 글씨를 잘 쓸 수 없다고 한탄하는 사람이 의외로 많다. 펜글씨는 바른 서체 교본과 노력만 있으면 누구든 쉽게 익힐 수 있다.
　그러므로 우리는 글씨를 익히고 계속 펜글씨를 꾸준히 연습한다면 확실한 진보가 있을 것이다.
　어떻게 하면 우리는 글씨를 잘 쓸 수 있을까?
　1. 자신감을 갖고 글씨를 바르게 써 보겠다는 결심을 하고 기간을 정해 연습을 해야 한다.
　2. 기본 필체를 마스터해야 하며 우선 정자부터 몇 번이고 되풀이 하여 훈련되어야 한다. 내려 긋기, 옆으로 긋기의 선이 정확하게 그어지기 시작하고 돌리는 법도 익혀 간다.
　3. 정성들여 글씨 교본이나 닮고 싶은 체의 본을 놓고 덮어 쓰기를 정성들여 행하고 계속하는 동안 필력이 생기고 향상된다.
　4. 명필의 글씨를 많이 감상하고 특징을 구분하는 안목이 생겨야 한다.
　5. 사람의 얼굴이 다르듯이 필체도 다 다르다. 그러므로 자기의 개성있는 필체를 가지면 좋다. 그러므로 기본 필법과 필력이 향상되면 정확하고 힘이 있는 필체를 개발해야 한다.

편저자

본 교본의 특징

1. 모든 글씨의 기초가 되는 기본 점(點)과 획(劃)에서부터 글자와 한자, 숙어, 단어를 체계적으로 엮었다.
2. 글씨를 만드는 결구법(結構法)을 쉽게 알 수 있도록 편집하였다.
3. 기본이 되는 한자를 엷은 인쇄로 똑같이 연습할 수 있도록 하였으며, 교육부가 선정한 1,800字에 기초를 두어 생활에 필요한 모든 단어를 빠짐없이 수록하였다.
4. 정자(正字)인 해서체와 상용으로 쓰이는 행서(行書)체를 완벽하게 병행시켜 연습을 하는 데 흥미를 느끼게 하였다.
5. 그 외에도 각종 서식과 혼동하기 어려운 한자, 약자(略字)를 구분하여 대학 입학시험에도 큰 도움이 되도록 하였다.

차 례

펜글씨를 쓰기 위한 자세 …………………………………… 1
펜습자에 필요한 용구 ……………………………………… 1
펜대 잡는 법 ………………………………………………… 2
漢字의 기원과 변천 ………………………………………… 2
漢字의 기본 점획 …………………………………………… 3
漢字 쓰기의 차례 …………………………………………… 5
漢字의 짜임새 ……………………………………………… 10
漢字의 楷書와 行書 ………………………………………… 16
모양이 비슷한 漢字 ……………………………………… 116
고사숙어(故事熟語) ……………………………………… 119
상업용어(商業用語) ……………………………………… 121
서긴용어(書簡用語) ……………………………………… 124
이력서 쓰기 ……………………………………………… 131
청첩장 쓰기 ……………………………………………… 132
부고 쓰기 ………………………………………………… 132

펜글씨를 쓰기 위한 자세

글씨를 잘 쓰려면 먼저 불편하지 않은 바르고 단정한 자세라야 하겠다.

걸상에 앉았을 때에는 책상에 몸을 기대지 않고 약간 간격을 둔 거리에서 상체를 펴고, 머리를 자연스럽게 숙이고, 눈은 교본(敎本)에서 30cm 정도의 거리를 두고 왼손으로 글씨를 쓸 종이의 한쪽을 눌러 자연스럽게 쓸수 있도록 하여야 한다.

앉은 자세에서 쓸 경우에는 허리와 상체를 반듯이 펴고 머리를 약간 숙인 자세에서 양쪽 팔꿈치의 활동이 자유스럽게 한다.

펜습자에 필요한 용구

펜 글씨를 쓰는 데 스푼펜, 스클펜, G펜, 환(둥근)펜, 볼펜, 만년필 등 여러 종류가 있지만 쓰임새에 있어서는 장단점이 있다. 펜글씨를 쓰는 데는 그림에서 보는 스푼펜이 가장 좋다. 사인펜이나 볼펜, 만년필 등은 펜글씨를 쓰는 데 있어 선(線)의 굵고 가는 것을 조절하기가 어렵다.

펜대 너무 굵거나 너무 가늘거나 짧아서 불편하지 않은 것이면 무난하다.

잉크 여러 가지 색깔이 있지만 될 수 있으면 진한 것을 택하여 쓰는 것이 선명해서 보기에 좋다.

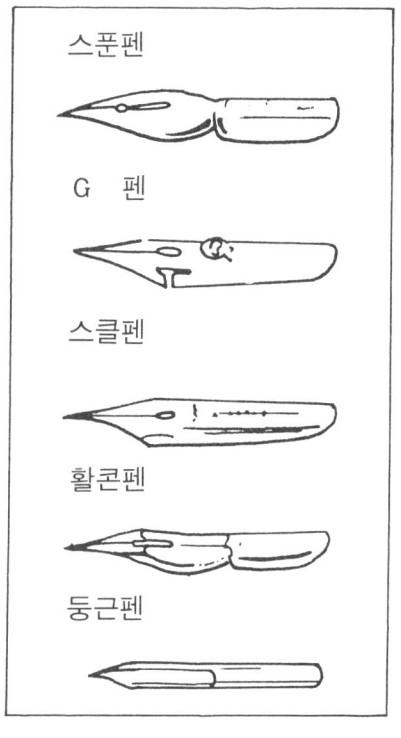

스푼펜

G 펜

스클펜

활콘펜

둥근펜

펜대 잡는 법

1. 펜대를 엄지와 검지, 중지(中指)로 부드럽게 잡고 새끼손가락과 약지가 종이 위를 가볍게 스쳐 지나가는 정도면 무난하다.
2. 펜대의 각도는 45~60° 정도로 하는 것이 좋다.
3. 필압, 즉 글씨를 쓰는 힘은 자기의 필압과 교본의 필압을 잘 비교하여, 자기의 필압이 부드러운 상태면 좋다.
4. 삐침은 힘을 들이지 말고 손이 자유롭게 움직일 수 있어야 하며 초서체로 갈수록 펜대를 위로 잡는 것이 좋다.

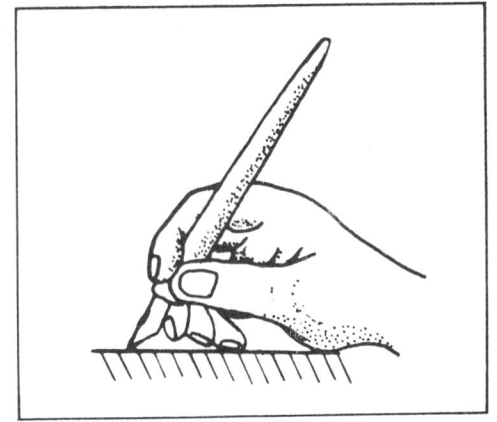

펜이 닿는 각도는 45°가 자연미가 있다.

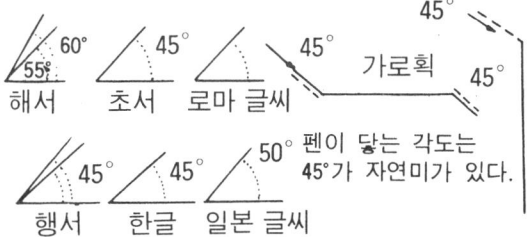

한자의 기원과 변천

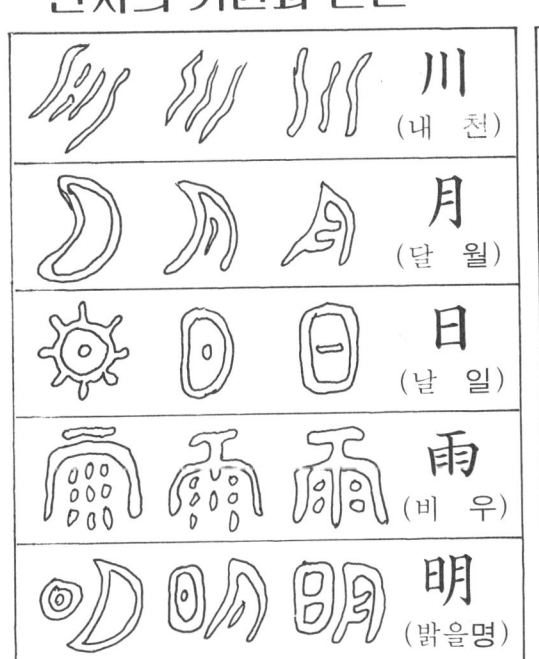

한자의 기본 점획

꼭지점	왼점	오른점	왼점삐침	오른점 삐침	가로 긋기	내려 긋기
立	宮	永	米	兵	平	十	上	朴	侍

내려 빼기	평 갈구리	왼 갈구리	오른 갈구리	삐 침
中	斗	究	虎	和	利	改	良	度	歷

삐침	휘어 삐침	삐침 치침	선 파임	누운 파임
今金	史夫	千清	友全	之連
今金	史夫	千清	友全	之連

굽은 갈구리	누운 갈구리	누운지재 갈구리	새 가슴	세워 삐침
馬勿	式成	心必	元色	月周
馬勿	式成	心必	元色	月周

漢字 쓰기의 차례

먼저 가로 다음에 세로			먼저 세로 다음에 가로			가운데로부터 좌우로		
十	力	大	女	及	九	水	少	出
열십	힘력	큰대	계집녀	미칠급	아홉구	물수	젊을소	날출
一丨	ㄱ丿	一八	く一	丿乀	丿乙	丨水	丨丿	丨山
十	力	大	女	及	九	水	少	出

좌우로부터 가운데로			꿰뚫는 획은 마지막으로			차양, 담, 갓머리를 먼저		
火	父	風	中	申	斗	度	固	究
불화	아비부	바람풍	가운데중	납신	말두	법도도	굳을고	궁리할구
丷人	丷人	几㕬	口丨	口二丨	冫丨	广攴	冂古	宀九
火	父	風	中	申	斗	度	固	究

亻	几	凵	刂	力	勹	匕	凵	卜	又
사람인변	기댈상궤	입벌릴감	선칼도	힘력변	쌀포변	비수비	터진입구	점복	또우

口	夂	夕	大	巾	己	女	犭	宀	寸
입구변	천천히 걸을쇠변	저녁석	큰대	수건건변	몸기	계집녀변	개사슴록변	갓머리	마디촌

尸	山	氵	幺	广	廴	弓	彡	亻	扌
주검시밑	묏산변	삼수변	작을요	엄호밑	집없는 책받침	활궁변	삐친석삼	두인변	손수변

阝	忄	戈	方	日	月	欠	歹	殳	气
우방변	심방변	창과	모방변	날일변	달월변	하품흠변	죽을사변	갖은 등글월문	기운기변

火	爿	牛	牙	玄	玉	瓜	疋	疒	癶
불화변	장수장변	소우변	어금니변	검을현	구슬옥	오이과	발소	병질안	필발밑

皮	皿	竹	米	糸	老	耒	衣	臼	艸
가죽피변	그릇명	대죽변	쌀미변	실사변	늙을로변	쟁기뢰변	옷의변	절구구	초두밑

虍	羊	言	豸	貝	走	辰	角	隶	隹
범호밑	양양변	말씀언변	갖은 돼지시변	자개패	달릴주변	별진	뿔각변	미칠이	새추변

頁	骨	目	見	文	木	皮	而	至	色
머리혈	뼈골변	눈목변	볼견변	글월문변	나무목변	가죽피변	말이을이	이를지	빛색변

漢字의 짜임새

言	亨	可	東	天	永	自	月	具
言	亨	可	東	天	永	自	月	具

田	工	曲	國	門	開	宇	質	官
田	工	曲	國	門	開	宇	質	官

至	且	直	留	需	習	章	素	意
至	且	直	留	需	習	章	素	意

監	普	盟	界	星	表	三	王	主
監	普	盟	界	星	表	三	王	主

蠶	駕	當	藥	夢	華	喜	量	書
蠶	駕	當	藥	夢	華	喜	量	書

願	輔	體	提	調	限	數	形	對
願	輔	體	提	調	限	數	形	對

作	則	時	程	祖	軸	師	明	野
作	則	時	程	祖	軸	師	明	野

知	叔	細	動	汀	即	謝	樹	術
知	叔	細	動	汀	即	謝	樹	術

辨	班	傾	衝	街	衡	川	州	冊
辨	班	傾	衝	街	衡	川	州	冊

南	丙	兩	晶	品	森	瓜	爪	介
南	丙	兩	晶	品	森	瓜	爪	介

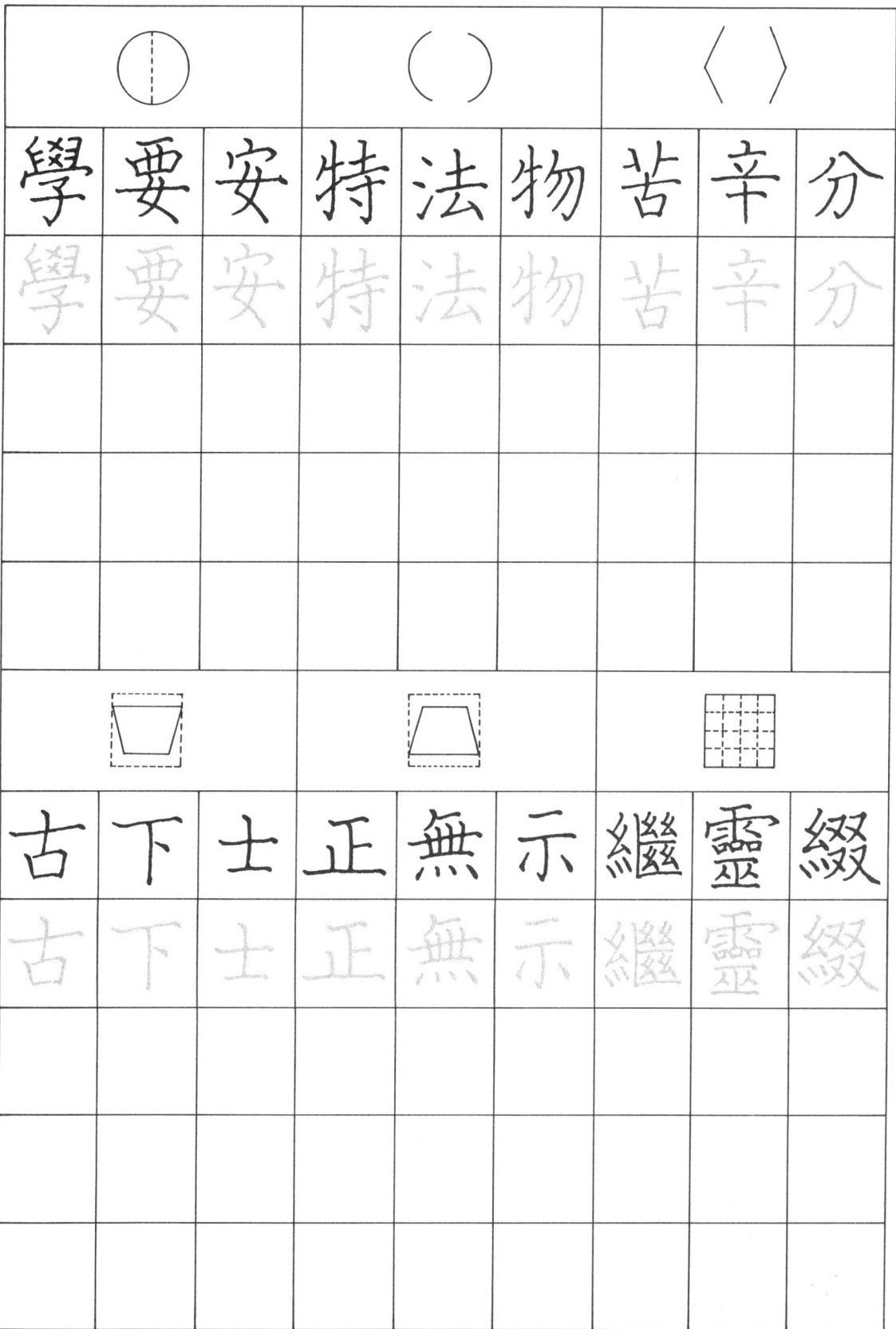

漢字의 楷書와 行書

可	加	家	假	街	暇	歌	價	各	刻
옳을 가	더할 가	집 가	거짓 가	거리 가	한가할 가	노래 가	값 가	각각 각	새길 각
可	加	家	假	街	暇	歌	價	各	刻
可	加	家	假	街	暇	歌	價	各	刻
可能	加減	家屋	假面	街路	休暇	歌謠	價値	各自	刻苦

閣	覺	看	間	幹	簡	減	監	感	甲
집 각	깨달을 각	볼 간	사이 간	줄기 간	편지 간	감할 감	볼 감	느낄 감	갑옷 갑

| 閣議 | 覺悟 | 看板 | 間接 | 幹部 | 簡單 | 減少 | 監視 | 感激 | 甲種 |

江	降	康	強	綱	鋼	講	改	個	開
물 강	내릴 강	편안 강	굳셀 강	벼리 강	강철 강	욀 강	고칠 개	낱 개	열 개

江山 降雨 康寧 強制 綱領 鋼鐵 講習 改善 個性 開發

概	客	更	去	巨	居	拒	距	據	擧
대강개	손객	다시갱	갈거	클거	살거	막을거	이를거	웅거할거	들거

| 概念 | 客觀 | 更生 | 去來 | 巨物 | 居住 | 拒絕 | 距離 | 據點 | 擧行 |

件	建	健	劍	檢	格	激	擊	見	堅
물건 건	세울 건	굳셀 건	칼 검	검사할 검	격식 격	심할 격	칠 격	볼 견	굳을 견

| 件名 | 建設 | 健康 | 劍術 | 檢查 | 格言 | 激甚 | 擊破 | 見聞 | 堅固 |

絹	決	缺	結	潔	兼	京	耕	頃	敬
비단 견	결단 결	이지러질결	맺을 결	맑을 결	겸할 겸	서울 경	밭갈 경	잠시 경	공경 경

| 絹織 | 決定 | 缺點 | 結果 | 潔白 | 兼職 | 京鄕 | 耕作 | 頃刻 | 敬意 |

景	經	傾	輕	境	慶	警	競	系	戒
볕 경	지낼 경	기울 경	가벼울 경	지경 경	경사 경	깨우칠 경	다툴 경	이을 계	경계할 계

| 景致 | 經費 | 傾向 | 輕快 | 境界 | 慶祝 | 警戒 | 競技 | 系統 | 戒嚴 |

季	界	係	計	契	械	階	繼	鷄	古
끝계	지경계	이을계	계교계	언약할계	기계계	층계계	이을계	닭계	예고

| 季節 | 限界 | 係員 | 計算 | 契約 | 械器 | 階段 | 繼續 | 鷄卵 | 古今 |

考	告	固	孤	苦	故	庫	高	曲	谷
생각 고	고할 고	굳을 고	외로울 고	쓸 고	연고 고	곳집 고	높을 고	굽을 곡	골짜기 곡

| 考試 | 告示 | 固體 | 孤獨 | 苦痛 | 故國 | 庫間 | 高低 | 曲線 | 谷風 |

穀	困	公	功	共	攻	空	供	恐	果
곡식 곡	곤할 곤	귀 공	공 공	한가지 공	칠 공	빌 공	이바지 공	두려울 공	실과 과

穀物	困難	公正	功勞	共同	攻勢	空想	供給	恐怖	果樹

科	過	課	貫	管	慣	館	關	觀	光
과정과	지날과	공부과	뚫을관	주관할관	익숙할관	집관	관계할관	볼관	빛광

| 科料 | 過誤 | 課題 | 貫通 | 管理 | 慣習 | 館舍 | 關門 | 觀察 | 光輝 |

廣	鑛	巧	交	教	較	橋	久	句	求
넓을 광	쇳덩이 광	공교할 교	사귈 교	가르칠 교	비교할 교	다리 교	오랠 구	글귀 구	구할 구
廣	鑛	巧	交	教	較	橋	久	句	求
廣	鑛	巧	交	教	較	橋	久	句	求
廣	鑛	巧	交	教	較	橋	久	句	求
廣場	鑛業	巧妙	交通	教育	較差	橋梁	久遠	句節	求婚

究	具	區	救	構	局	國	菊	君	軍
궁리할 구	갖출 구	나눌 구	건질 구	지을 구	판 국	나라 국	국화 국	임금 군	군사 군

| 究明 | 具備 | 區分 | 救濟 | 構造 | 局限 | 國民 | 菊花 | 君主 | 軍隊 |

郡	群	宮	窮	券	卷	勸	權	貴	歸
고을 군	무리 군	집 궁	궁할 궁	문서 권	책 권	권할 권	권세 권	귀할 귀	돌아올 귀
군引	군리	宮口	窮궁	숭ㄱ	숭ㄱ	雚力	權ㄹ	모且	皂卩

| 郡守 | 群衆 | 宮廷 | 窮極 | 證券 | 卷頭 | 勸告 | 權力 | 貴下 | 歸順 |

規	均	菌	極	劇	近	根	勤	謹	今
법 규	고를 균	버섯 균	극진 극	심할 극	가까울 근	뿌리 근	부지런할 근	삼갈 근	이제 금
規	均	菌	極	劇	近	根	勤	謹	今
規	均	菌	極	劇	近	根	勤	謹	今

規	均	菌	極	劇	近	根	勤	謹	今
規律	均等	菌根	極端	劇團	近代	根本	勤務	謹愼	今後

金	禁	錦	及	急	級	企	汽	技	其
쇠 금	금할 금	비단 금	미칠 급	급할 급	등급 급	바랄 기	물김 기	재주 기	그 기
金	禁	錦	及	急	級	企	汽	技	其
金	禁	錦	及	急	級	企	汽	技	其
金屬	禁止	錦衣	及第	急行	級友	企業	汽船	技術	其他

奇	紀	氣	起	記	寄	基	期	旗	器
기이할 기	법 기	기운 기	일어날 기	기록 기	부칠 기	터 기	기약 기	기 기	그릇 기

奇績	紀元	氣象	起居	記錄	寄生	基礎	期限	旗手	器具

機	緊	吉	暖	難	男	南	納	內	冷
기틀 기	긴할 긴	길할 길	따뜻할 난	어려울 난	사내 남	남녘 남	들일 납	안 내	찰 랭

| 機械 | 緊急 | 吉運 | 暖流 | 難關 | 男女 | 南北 | 納稅 | 內外 | 冷情 |

念	寧	努	怒	農	能	多	茶	段	單
생각 념	편안 녕	힘쓸 노	노할 노	농사 농	능할 능	많을 다	차 다	조각 단	홑 단
念願	安寧	努力	怒氣	農事	能力	多少	茶禮	段落	單純

短	端	團	斷	達	談	擔	畓	答	堂
짧을 단	끝 단	둥글 단	끊을 단	통달할 달	말씀 담	멜 담	논 답	대답 답	집 당
短	端	團	斷	達	談	擔	畓	答	堂
短	端	團	斷	達	談	擔	畓	答	堂
短縮	端正	團結	斷念	達成	談話	擔當	畓農	答辯	食堂

當	糖	黨	代	待	帶	袋	貸	隊	臺
마땅 당	엿 당	무리 당	대신 대	기다릴 대	띠 대	전대 대	빌릴 대	떼 대	집 대

| 當然 | 糖分 | 黨派 | 代理 | 待接 | 帶同 | 布袋 | 貸付 | 隊列 | 臺帳 |

對	德	到	度	逃	島	途	徒	盜	都
대할 대	큰 덕	이를 도	법도 도	도망할 도	섬 도	길 도	무리 도	도적 도	도읍 도

| 對答 | 德望 | 到着 | 度量 | 逃走 | 半島 | 途中 | 徒輩 | 盜難 | 都市 |

道	稻	圖	導	毒	督	獨	讀	突	冬
길 도	벼 도	그림 도	인도할 도	독할 독	독촉할 독	홀로 독	읽을 독	마주칠 돌	겨울 동

| 道義 | 稻作 | 圖案 | 導入 | 毒感 | 督促 | 獨立 | 讀書 | 突擊 | 冬眠 |

東	洞	動	銅	斗	豆	頭	得	等	登
동녘 동	고을 동	움직일 동	구리 동	말 두	콩 두	머리 두	얻을 득	무리 등	오를 등

| 東西 | 洞里 | 動作 | 銅像 | 斗酒 | 豆腐 | 頭痛 | 得失 | 等級 | 登龍 |

燈	落	諾	絡	樂	卵	亂	蘭	覽	朗
등불 등	떨어질 락	허락할 락	연락할 락	즐길 락	알 란	어지러울란	난초 란	볼 람	명랑할 랑

| 燈火 | 落葉 | 許諾 | 連絡 | 樂天 | 卵白 | 亂立 | 蘭草 | 觀覽 | 朗讀 |

來	略	良	兩	量	糧	旅	麗	歷	連
올 래	간략할 략	어질 량	두 량	헤아릴 량	양식 량	나그네 려	고을 려	지날 력	연할 련

| 來賓 | 略圖 | 良好 | 兩班 | 量器 | 糧穀 | 旅行 | 麗人 | 歷史 | 連絡 |

練	聯	戀	列	令	領	靈	例	禮	老
익힐 련	합할 련	그리울 련	벌일 렬	명할 령	거느릴 령	신령 령	견줄 례	예도 례	늙을 로

| 練習 | 聯合 | 戀情 | 列強 | 令息 | 領土 | 靈魂 | 例題 | 禮儀 | 老少 |

勞	路	錄	論	料	療	龍	留	柳	流
수고로울로	길로	기록할록	의론론	헤아릴료	병고칠료	용룡	머무를류	버들류	흐를류

| 勞苦 | 路線 | 錄音 | 論理 | 料金 | 療養 | 龍王 | 留宿 | 柳器 | 流水 |

類	陸	律	率	隆	吏	李	利	里	理
같을 류	뭍 륙	법 률	비율 률	높을 륭	아전 리	오얏 리	이할 리	마을 리	다스릴 리

| 類別 | 陸路 | 律動 | 能率 | 隆起 | 吏判 | 李朝 | 利用 | 里程 | 理由 |

裏	履	離	隣	林	臨	馬	莫	幕	漠
속 리	밟을 리	떠날 리	이웃 린	수풀 림	임할 림	말 마	말 막	장막 막	아득할 막

| 裏面 | 履歷 | 離脫 | 隣近 | 林野 | 臨時 | 馬車 | 莫重 | 幕舍 | 漠然 |

晚	萬	滿	灣	末	忘	望	每	枚	妹
늦을 만	일만 만	찰 만	물구비 만	끝 말	잊을 망	바랄 망	매양 매	낱 매	누이 매

| 晚秋 | 萬古 | 滿貝 | 彎曲 | 末路 | 忘却 | 望月 | 每事 | 枚擧 | 妹兄 |

梅	買	賣	脈	麥	盲	猛	盟	免	面
매화 매	살 매	팔 매	맥 맥	보리 맥	눈멀 맹	사나울 맹	맹세 맹	면할 면	낯 면

梅花	買入	賣買	脈博	麥酒	盲目	猛烈	盟誓	免許	面接

勉	眠	綿	滅	名	命	明	毛	母	某
힘쓸 면	졸 면	솜 면	멸할 멸	이름 명	목숨 명	밝을 명	털 모	어미 모	아무 모

| 勉學 | 眠息 | 綿密 | 滅亡 | 名聲 | 命令 | 明暗 | 毛絲 | 母性 | 某處 |

模	謀	目	牧	沒	妙	苗	武	貿	務
본뜰 모	꾀 모	눈 목	칠 목	빠질 몰	묘할 묘	싹 묘	호반 무	무역할 무	힘쓸 무

| 模範 | 謀議 | 目的 | 牧童 | 沒落 | 妙技 | 苗木 | 武道 | 貿易 | 務望 |

無	舞	默	門	問	聞	物	未	米	味
없을 무	춤출 무	잠잠할 묵	문 문	물을 문	들을 문	만물 물	아닐 미	쌀 미	맛 미

| 無故 | 舞姬 | 默認 | 門戶 | 問安 | 新聞 | 物質 | 未知 | 米穀 | 味覺 |

美	微	民	密	朴	博	反	半	返	叛
아름다울 미	적을 미	백성 민	빽빽할 밀	순박할 박	넓을 박	돌이킬 반	반 반	돌아올 반	배반할 반

| 美談 | 微笑 | 民意 | 密使 | 素朴 | 博愛 | 反感 | 半額 | 返還 | 叛逆 |

般	班	發	髮	防	邦	妨	放	房	訪
일반 반	반열 반	필 발	터럭 발	막을 방	나라 방	방해할 방	놓을 방	방 방	찾을 방

| 一般 | 班員 | 發展 | 理髮 | 防共 | 邦國 | 妨害 | 放學 | 房貰 | 訪問 |

倍	培	背	拜	配	番	繁	伐	罰	犯
갑절 배	북돋을 배	등 배	절 배	짝 배	번수 번	성할 번	칠 벌	죄 벌	범할 범

| 倍加 | 培養 | 背信 | 拜禮 | 配役 | 番號 | 繁榮 | 伐採 | 罰則 | 犯罪 |

法	壁	便	邊	辯	變	別	丙	兵	病
법법	벽벽	똥오줌변	가변	말씀변	변할변	이별별	남녘병	병사병	병날병

| 法律 | 壁畫 | 便所 | 邊方 | 辯護 | 變化 | 別世 | 丙種 | 兵役 | 病患 |

步	保	普	報	補	寶	服	復	福	複
걸음 보	보전할 보	넓을 보	갚을 보	기울 보	보배 보	옷 복	돌아올 복	복 복	거듭할 복

| 步行 | 保健 | 普通 | 報恩 | 補充 | 寶物 | 服裝 | 復習 | 福音 | 複雜 |

本	奉	封	父	夫	付	否	附	府	負
근본 본	받들 봉	봉할 봉	아비 부	지아비 부	줄 부	아닐 부	붙일 부	마을 부	질 부

| 本能 | 奉仕 | 封函 | 父母 | 夫婦 | 付託 | 否認 | 附近 | 政府 | 負債 |

部	副	婦	富	腐	簿	北	分	粉	憤
부락 부	버금 부	지어미 부	부자 부	썩을 부	치부 부	북녘 북	나눌 분	가루 분	분할 분

| 部署 | 副産 | 婦女 | 富貴 | 腐敗 | 簿記 | 北進 | 分銅 | 粉末 | 憤發 |

不	弗	佛	拂	比	非	批	肥	卑	飛
아니 불	아닐 불	부처 불	떨칠 불	견줄 비	아닐 비	칠 비	살찔 비	낮을 비	날 비

| 不良 | 弗貨 | 佛敎 | 拂下 | 比較 | 非違 | 批評 | 肥料 | 卑屈 | 飛行 |

秘	備	費	悲	貧	氷	士	史	司	寺
감출 비	갖출 비	허비할 비	슬플 비	가난 빈	얼음 빙	선비 사	사기 사	맡을 사	절 사

| 秘書 | 備置 | 費用 | 悲哀 | 貧困 | 冰庫 | 士氣 | 史蹟 | 司法 | 寺院 |

死	似	社	私	使	舍	思	事	砂	查
죽을 사	같을 사	모일 사	사사 사	부릴 사	집 사	생각 사	일 사	모래 사	사실할 사

| 死守 | 類以 | 社會 | 私慾 | 使命 | 舍屋 | 思想 | 事件 | 砂漠 | 查察 |

射	師	絲	寫	謝	辭	產	散	算	酸
쏠 사	스승 사	실 사	쓸 사	사례 사	말씀 사	낳을 산	흩어질 산	셈놓을 산	실 산

| 射擊 | 師範 | 絹絲 | 寫眞 | 謝絶 | 辭退 | 産出 | 散在 | 算術 | 酸性 |

殺	森	床	狀	相	桑	商	常	象	喪
죽일 살	수풀 삼	상 상	모양 상	서로 상	뽕나무 상	장사 상	떳떳할 상	코끼리 상	잃을 상

| 殺生 | 森林 | 起床 | 狀態 | 相互 | 桑田 | 商業 | 常識 | 象徵 | 喪禮 |

傷	想	像	賞	箱	償	色	生	西	序
상할 상	생각할 상	형상 상	상줄 상	상자 상	갚을 상	빛 색	날 생	서녘 서	차례 서

| 傷處 | 想起 | 想像 | 賞罰 | 箱子 | 償還 | 色盲 | 生存 | 西洋 | 序列 |

徐	書	暑	署	石	席	釋	先	宣	船
천천히서	글서	더울서	마을서	돌석	자리석	풀석	먼저선	베풀선	배선

| 徐行 | 書籍 | 暑退 | 署理 | 石炭 | 席次 | 釋放 | 先頭 | 宣言 | 船賃 |

善	線	選	鮮	雪	設	說	涉	成	性
착할 선	줄 선	고를 선	고을 선	눈 설	베풀 설	말씀 설	건널 섭	이룰 성	성품 성

善行	線路	選擧	鮮明	雪景	設計	說明	涉外	成功	性格

省	星	城	盛	聖	誠	聲	世	洗	細
살필 성	별 성	잿 성	성활성	성인 성	정성 성	소리 성	인간 세	씻을 세	가늘 세

| 省墓 | 星座 | 城壁 | 盛衰 | 聖賢 | 誠意 | 聲援 | 世間 | 洗手 | 細胞 |

稅	勢	歲	少	召	所	消	笑	素	掃
구실 세	세도 세	해 세	젊을 소	부를 소	바 소	사라질 소	웃음 소	본디 소	쓸 소

| 稅金 | 勢道 | 歲拜 | 少量 | 召集 | 所願 | 消毒 | 笑話 | 素質 | 掃除 |

訴	燒	束	俗	速	續	屬	孫	損	松
송사할 소	불탈 소	묶을 속	풍속 속	속할 속	이을 속	붙일 속	손자 손	덜 손	소나무 송

| 訴訟 | 燒失 | 束縛 | 俗談 | 速記 | 續刊 | 屬性 | 孫女 | 損害 | 松蟲 |

送	訟	刷	衰	手	守	秀	收	受	首
보낼 송	송사할 송	박을 쇄	쇠할 쇠	손 수	지킬 수	빼낼 수	거둘 수	받을 수	머리 수

| 送達 | 訟事 | 刷新 | 衰退 | 手足 | 守備 | 秀麗 | 收支 | 受諾 | 首都 |

修	殊	帥	授	遂	壽	需	數	隨	樹
닦을 수	다를 수	장수 수	줄 수	이룰 수	목숨 수	쓸 수	헤아릴 수	따를 수	나무 수

| 修身 | 殊遇 | 將帥 | 授賞 | 遂行 | 壽命 | 需給 | 數學 | 隨行 | 樹木 |

輸	叔	宿	熟	旬	巡	純	順	瞬	述
실어낼 수	아재비 숙	잘 숙	익을 숙	열흘 순	순행 순	순진할 순	순할 순	눈깜박할 순	베풀 술

| 輸出 | 叔父 | 宿患 | 熟練 | 旬報 | 巡視 | 純粹 | 順從 | 瞬間 | 述語 |

術	崇	拾	習	濕	升	承	乘	勝	市
꾀 술	높을 숭	주울 습	익힐 습	젖을 습	되 승	이을 승	탈 승	이길 승	저자 시
術策	崇高	拾得	習性	濕氣	三升	承認	乘馬	勝利	市場

示	始	是	施	視	時	試	詩	氏	式
보일 시	비로소 시	이 시	베풀 시	볼 시	때 시	시험할 시	글 시	성씨 씨	법 식

| 示威 | 始務 | 是正 | 施肥 | 視察 | 時事 | 試驗 | 詩人 | 氏族 | 式典 |

食	息	植	識	申	臣	身	信	神	新
밥 식	쉴 식	심을 식	알 식	납 신	신하 신	몸 신	믿을 신	귀신 신	새 신

| 食糧 | 休息 | 植木 | 識別 | 申請 | 臣下 | 身心 | 信賴 | 神聖 | 新聞 |

愼	失	室	實	甚	深	審	亞	兒	我
삼갈 신	잃을 실	집 실	열매 실	심할 심	깊을 심	살필 심	버금 아	아이 아	나 아

| 愼重 | 失敗 | 室內 | 實際 | 甚大 | 深刻 | 審判 | 亞鉛 | 兒童 | 我軍 |

雅	惡	安	岸	案	眼	暗	巖	壓	央
아담할 아	모질 악	편안 안	언덕 안	상고할 안	눈 안	어두울 암	바위 암	누를 압	가운데 앙

| 雅淡 | 惡意 | 安逸 | 岸壁 | 案內 | 眼鏡 | 暗黑 | 岩石 | 壓縮 | 中央 |

仰	哀	愛	液	額	夜	野	若	約	弱
우러를 앙	슬플 애	사랑 애	진액	이마 액	밤 야	들 야	같을 약	언약할 약	약할 약

| 仰角 | 哀樂 | 愛情 | 液體 | 額面 | 夜燈 | 野戰 | 若何 | 約束 | 弱骨 |

藥	洋	陽	養	樣	壤	孃	讓	魚	漁
약 약	바다 양	볕 양	기를 양	모양 양	흙덩이 양	계집애 양	사양 양	고기 어	고기잡을 어

| 藥局 | 洋服 | 陽地 | 養成 | 樣相 | 土壤 | 某孃 | 讓步 | 魚物 | 漁期 |

語	億	嚴	業	如	餘	亦	役	易	逆
말씀 어	억 억	엄할 엄	업 업	같을 여	남을 여	또 역	부릴 역	바꿀 역	거슬릴 역

| 語句 | 億萬 | 嚴格 | 業績 | 如何 | 餘暇 | 亦是 | 役員 | 易書 | 逆賊 |

域	譯	驛	延	沿	研	軟	然	煙	演
지경 역	통역할 역	역마 역	뻗칠 연	갓 연	갈 연	연할 연	그럴 연	연기 연	넓을 연

| 區域 | 譯出 | 驛馬 | 延期 | 沿岸 | 研究 | 軟弱 | 然後 | 煙氣 | 演劇 |

緣	燃	熱	染	鹽	葉	永	泳	迎	英
인연 연	태울 연	더울 열	물들일 염	소금 염	잎 엽	길 영	헤엄칠 영	맞을 영	꽃부리 영

| 緣故 | 燃燒 | 熱誠 | 染色 | 鹽田 | 葉錢 | 永遠 | 水泳 | 迎接 | 英雄 |

映	榮	營	影	預	豫	藝	譽	誤	屋
비칠 영	영화 영	경영할 영	그림자 영	맡길 예	미리 예	재주 예	명예 예	그릇 오	집 옥
映	榮	營	影	預	豫	藝	譽	誤	屋
映	榮	營	影	預	豫	藝	譽	誤	屋
映	榮	營	影	預	豫	藝	譽	誤	屋
映畫	榮譽	營利	影像	預金	豫防	藝術	榮譽	誤解	屋外

溫	完	往	外	要	謠	曜	慾	用	勇
따뜻할 온	완전 완	갈 왕	밖 외	요긴할 요	노래 요	빛날 요	욕심 욕	쓸 용	용맹할 용

| 溫泉 | 完遂 | 往來 | 外信 | 要領 | 童謠 | 曜日 | 慾求 | 用途 | 勇猛 |

容	友	右	雨	郵	優	雲	運	雄	院
얼굴 용	벗 우	오를 우	비 우	우체 우	넉넉할 우	구름 운	옮길 운	수컷 웅	집 원

| 容易 | 友邦 | 右側 | 雨量 | 郵送 | 優秀 | 雲霧 | 運動 | 雄壯 | 院長 |

員	原	援	圓	願	園	危	位	委	胃
인원 원	근원 원	구원할 원	둥글 원	원할 원	동산 원	위태할 위	자리 위	맡길 위	밥통 위

| 委員 | 原理 | 援助 | 圓滑 | 願書 | 園藝 | 危險 | 位置 | 委任 | 胃腸 |

尉	爲	偉	違	僞	慰	衛	有	幼	油
관원 위	하 위	클 위	어길 위	거짓 위	위로 위	호위할 위	있을 유	어릴 유	기름 유

尉官	爲國	偉大	違反	僞善	慰問	衛生	有益	幼稚	油田

乳	裕	遊	遺	肉	育	恩	銀	音	飲
젖유	넉넉유	놀유	끼칠유	고기육	기를육	은혜은	은은	소리음	마실음

| 乳母 | 裕福 | 遊覽 | 遺言 | 肉親 | 育成 | 恩惠 | 銀行 | 音律 | 飲料 |

邑	應	衣	依	義	意	疑	醫	議	以
고을 읍	응할 응	옷 의	의지할 의	옳을 의	뜻 의	의심 의	의원 의	의논할 의	써 이
邑	應	衣	依	義	意	疑	醫	議	以

邑	應	衣	依	義	意	疑	醫	議	以

| 都邑 | 應用 | 衣服 | 依賴 | 義務 | 意思 | 疑問 | 醫師 | 議會 | 以南 |

異	移	貳	益	翼	引	因	印	認	逸
다를 이	옮길 이	두 이	더할 익	날개 익	끌 인	인할 인	도장 인	알 인	편안할 일
異	移	貳	益	翼	引	因	印	認	逸
異	移	貳	益	翼	引	因	印	認	逸
異議	移動	貳拾	收益	右翼	引揚	因果	印刷	認定	逸話

壹	任	賃	字	刺	者	姿	資	作	昨
한일	맡길임	품삯임	글자자	찌를자	놈자	모양자	바탕자	지을작	어제작

壹	任	賃	字	刺	者	姿	資	作	昨
壹萬	委任	賃金	字典	刺戟	作者	姿勢	資源	作品	昨年

殘	蠶	雜	壯	長	章	帳	張	將	場
나머지 잔	누에 잠	섞일 잡	장할 장	긴 장	글 장	장막 장	베풀 장	장수 장	마당 장

| 殘額 | 蠶食 | 雜誌 | 壯觀 | 長久 | 文章 | 帳幕 | 擴張 | 將來 | 場所 |

裝	障	獎	藏	才	在	再	材	災	財
꾸밀 장	막힐 장	권할 장	감출 장	재주 재	있을 재	다시 재	재목 재	재앙 재	재물 재

| 裝學 | 障害 | 獎學 | 藏書 | 才質 | 在來 | 再起 | 材木 | 災害 | 財産 |

爭	低	抵	著	貯	赤	的	適	敵	積
다툴 쟁	낮을 저	막을 저	지을 저	쌓을 저	붉을 적	적실 적	마침 적	대적 적	쌓을 적

| 爭議 | 低下 | 抵抗 | 著述 | 貯蓄 | 赤色 | 的格 | 適當 | 敵陣 | 積載 |

績	蹟	籍	田	全	前	展	專	電	傳
길쌈 적	자취 적	호적 적	밭 전	온전 전	앞 전	펼 전	오로지 전	번개 전	전할 전

| 紡績 | 古蹟 | 戶籍 | 田園 | 全部 | 前後 | 展示 | 專門 | 電氣 | 傳說 |

錢	轉	切	絕	節	占	店	點	接	正
돈 전	구를 전	끊어질 절	끊을 절	마디 절	점칠 점	가게 점	점 점	접할 접	바를 정

錢	轉	切	絕	節	占	店	點	接	正
錢土	轉職	切望	絕對	節制	占領	店鋪	點檢	接見	正確

廷	定	征	庭	政	貞	停	情	頂	淨
조정 정	정할 정	칠 정	뜰 정	정사 정	곧을 정	머무를 정	뜻 정	이마 정	맑을 정

廷臣	定時	征服	庭球	政治	貞潔	停車	情緒	頂上	淨化

程	精	靜	整	弟	制	帝	除	第	祭
길 정	정할 정	고요 정	정제할 정	아우 제	법 제	임금 제	덜 제	차례 제	제사 제

| 程度 | 精神 | 靜止 | 整理 | 弟子 | 制度 | 帝王 | 除去 | 第一 | 祭物 |

提	製	際	諸	濟	題	早	助	造	祖
드러낼 제	지을 제	즈음 제	모두 제	건널 제	제목 제	일찍 조	도울 조	만들 조	할아비 조

| 提供 | 製造 | 國際 | 諸般 | 濟世 | 題目 | 早退 | 助手 | 造林 | 祖上 |

條	鳥	組	朝	照	調	操	足	族	存
가지 조	새 조	섞어짤 조	아침 조	비칠 조	고루 조	잡을 조	발 족	겨레 족	있을 존

| 條約 | 鳥銃 | 組織 | 朝夕 | 照明 | 調和 | 操縱 | 足跡 | 族屬 | 存在 |

尊	卒	宗	終	從	種	綜	鐘	縱	左
높을 존	다할 졸	마루 종	마침 종	좇을 종	씨 종	모을 종	쇠북 종	세로 종	왼 좌

| 尊敬 | 卒倒 | 宗教 | 終點 | 從前 | 種類 | 綜合 | 鍾閣 | 縱橫 | 左右 |

座	罪	主	走	住	注	柱	洲	酒	株
앉을 좌	허물 죄	임금 주	달아날 주	머무를 주	물댈 주	기둥 주	물가 주	술 주	나무 주

| 座席 | 罪惡 | 主徒 | 走力 | 住居 | 注意 | 柱石 | 亞洲 | 酒客 | 株式 |

週	晝	準	重	衆	卽	增	證	止	支
주일 주	낮 주	법 준	무거울 중	무리 중	곧 즉	더할 증	증거할 증	그칠 지	지탱할 지

| 週日 | 晝夜 | 準備 | 重要 | 衆論 | 卽決 | 增加 | 證明 | 止揚 | 支持 |

地	至	志	知	指	持	紙	智	誌	遲
따 지	이를 지	뜻 지	알 지	손가락 지	가질 지	종이 지	슬기 지	기록 지	더딜 지

| 地球 | 至誠 | 志願 | 知識 | 指紋 | 持續 | 紙物 | 智略 | 誌面 | 遲刻 |

直	職	織	陣	眞	進	鎭	疾	質	執
곧을직	직분직	짤직	진칠진	참진	나아갈진	진정할진	병질	바탕질	잡을집

| 直接 | 職場 | 織物 | 陣地 | 眞相 | 進步 | 鎭靜 | 疾病 | 質量 | 執念 |

集	徵	此	次	車	差	借	着	贊	讚
모을 집	부를 징	이 차	버금 차	수레 차	다를 차	빌릴 차	붙일 착	도울 찬	기릴 찬

| 集合 | 徵收 | 此後 | 次例 | 車論 | 差別 | 借用 | 着陸 | 贊同 | 讚揚 |

察	參	昌	倉	窓	創	採	菜	債	責
살필 찰	참여할 참	성할 창	곳집 창	창 창	비로소 창	캘 채	나물 채	빚 채	꾸짖을 책

| 察知 | 參加 | 昌盛 | 倉庫 | 窓門 | 創造 | 採集 | 菜毒 | 債權 | 責任 |

册	策	妻	處	尺	戚	泉	淺	哲	綴
책 책	꾀 책	아내 처	곳 처	자 척	겨레 척	샘 천	얕을 천	밝을 철	엮을 철

| 册床 | 策動 | 妻家 | 處理 | 尺度 | 戚分 | 泉水 | 淺見 | 哲理 | 綴字 |

徹	鐵	添	青	清	晴	請	廳	體	初
사무칠 철	쇠 철	더할 첨	푸를 청	맑을 청	갤 청	청할 청	대청 청	몸 체	처음 초

| 徹底 | 鐵道 | 添付 | 青春 | 清明 | 晴明 | 請求 | 廳舍 | 體力 | 初志 |

招	秒	草	礎	促	村	總	最	秋	追
부를 초	초침 초	풀 초	주춧돌 초	재촉할 촉	마을 촌	합할 총	가장 최	가을 추	쫓을 추

| 招待 | 秒針 | 草木 | 礎石 | 促進 | 村落 | 總販 | 最新 | 秋收 | 追放 |

推	祝	畜	蓄	築	縮	春	出	充	忠
밀 추	빌 축	기를 축	저축할 축	쌓을 축	줄 축	봄 춘	날 출	채울 충	충성 충

| 推進 | 祝賀 | 畜産 | 蓄積 | 築堤 | 縮少 | 春風 | 出張 | 充分 | 忠臣 |

衝	蟲	取	就	趣	側	測	層	治	値
부딪칠 충	벌레 충	가질 취	나아갈 취	취미 취	곁 측	헤아릴 측	층계 층	다스릴 치	값 치

衝突 蟲齒 取消 就航 趣味 側面 測量 層階 治山 價値

致	齒	置	親	沈	侵	針	寢	快	他
이를 치	이 치	둘 치	어버이 친	잠길 침	침범할 침	바늘 침	잘 침	쾌할 쾌	다를 타

| 致富 | 齒牙 | 位置 | 親戚 | 沈沒 | 侵略 | 針母 | 寢具 | 快速 | 他鄕 |

打	炭	彈	脫	探	太	態	討	通	痛
칠 타	숯 탄	탄식할 탄	벗을 탈	더듬을 탐	클 태	태도 태	칠 토	통할 통	아플 통

打	炭	歎	彈	脫	探	太	態	擇	討
打字	炭鑛	歎息	彈丸	脫線	探訪	太古	態度	擇日	討論

統	退	投	特	波	派	判	板	版	敗
거느릴 통	물러날 퇴	던질 투	특별 특	물결 파	나눌 파	판단할 판	널 판	조각 판	패할 패

| 統合 | 退治 | 投資 | 特別 | 波及 | 派生 | 判斷 | 板門 | 版圖 | 敗戰 |

片	篇	坪	肺	閉	廢	包	胞	砲	捕
조각 편	책 편	평수 평	허파 폐	닫을 폐	폐할 폐	쌀 포	배 포	대포 포	잡을 포

| 片紙 | 玉篇 | 坪當 | 肺病 | 閉店 | 廢品 | 包圍 | 胞子 | 砲火 | 捕捉 |

모양이 비슷한 漢字

人	入	士	土	王	玉	代	伐	犬	太
사람 인	들 입	선비 사	흙 토	임금 왕	구슬 옥	대신 대	칠 벌	개 견	클 태

功	切	未	末	村	材	情	淸	記	紀
공 공	끊을 절	아닐 미	끝 말	마을 촌	재목 재	뜻 정	맑을 청	기록 기	벼리 기

般	船	燮	變	巨	臣	性	姓	査	香
일반 반	배 선	화할 섭	변할 변	클 거	신하 신	성품 성	성 성	조사할 사	향기 향

織	識	持	特	思	恩	弟	第	晝	畫
짤 직	알 식	가질 지	특별할 특	생각 사	은혜 은	아우 제	차례 제	낮 주	그림 화
織	識	持	特	思	恩	弟	第	晝	畫

重	童	讀	續	旅	族	連	運	日	曰
무거울 중	아이 동	읽을 독	이을 속	나그네 려	겨레 족	연할 연	옮길 운	날 일	가로 왈
重	童	讀	續	旅	族	連	運	日	曰

合	谷	午	牛	勸	勤	拾	捨	問	間
합할 합	골짜기 곡	낮 오	소 우	권할 권	부지런할 근	주을 습	버릴 사	물을 문	사이 간
合	谷	午	牛	勸	勤	拾	捨	問	間

由	田	統	銃	考	孝	約	的	北	比
말미암을유	밭 전	거느릴통	총 총	생각 고	효도 효	언약할약	적실 적	북녘북	견줄 비

枝	技	科	料	住	注	使	便	雨	兩
가지 지	재주 기	과정 과	헤아릴료	머무를주	물댈주	부릴 사	편할 편	비 우	두 량

快	決	複	復	亦	赤	烏	鳥	眼	眠
쾌할 쾌	결단 결	거듭할복	돌아올복	또 역	붉을 적	까마귀오	새 조	눈 안	졸 면

故事熟語

曲學阿世	管鮑之交	捲土重來
곡학아세	관포지교	권토중래
曲學阿世	管鮑之交	捲土重來

金科玉條	南柯之夢	大器晚成
금과옥조	남가지몽	대기만성
金科玉條	南柯之夢	大器晚成

塗炭之苦	馬耳東風	百年河清
도탄지고	마이동풍	백년하청
塗炭之苦	馬耳東風	百年河清

四面楚歌	塞翁之馬	三遷之敎
사면초가	새옹지마	삼천지교
四面楚歌	塞翁之馬	三遷之敎

宋襄之仁	羊頭狗肉	漁父之利
송양지인	양두구육	어부지리
宋襄之仁	羊頭狗肉	漁父之利

吳越同舟	臥薪嘗膽	朝三暮四
오월동주	와신상담	조삼모사
吳越同舟	臥薪嘗膽	朝三暮四

商業用語

價格	去來	管理	關稅	契約
가 격	거 래	관 리	관 세	계 약
價格	去來	管理	關稅	契約

見積	經營	景氣	購賣	企劃
견 적	경 영	경 기	구 매	기 획
見積	經營	景氣	購賣	企劃

納品	當座	都賣	貸付	貸越
납 품	당 좌	도 매	대 부	대 월
納品	當座	都賣	貸付	貸越

賣 買	貿 易	賠 償	配 付	保 證
매 매	무 역	배 상	배 부	보 증
賣 買	貿 易	賠 償	配 付	保 證

不 渡	商 品	常 務	宣 傳	輸 出
부 도	상 품	상 무	선 전	수 출
不 渡	商 品	常 務	宣 傳	輸 出

手 票	讓 渡	業 務	營 業	預 金
수 표	양 도	업 무	영 업	예 금
手 票	讓 渡	業 務	營 業	預 金

外貨	利潤	入札	剩餘	資金
외 화	이 윤	입 찰	잉 여	자 금
外貨	利潤	入札	剩餘	資金

資源	帳簿	殘額	在庫	傳票
자 원	장 부	잔 액	재 고	전 표
資源	帳簿	殘額	在庫	傳票

株式	倉庫	債務	處分	淸算
주 식	창 고	채 무	처 분	청 산
株式	倉庫	債務	處分	淸算

書簡用語

拜啓	謹啓	拜復	前略	冠省
배 계	근 계	배 복	전 략	관 생
拜啓	謹啓	拜復	前略	冠省

下念	奉讀	氣體	伏告	贈呈
하 념	봉 독	기 체	복 고	증 정
下念	奉讀	氣體	伏告	贈呈

同封	貴中	親展	座下	机下
동 봉	귀 중	친 전	좌 하	궤 하
同封	貴中	親展	座下	机下

漢字의 主要 略字 一覽

假	價	覺	個	堅	擊	繼	缺	觀	館
仮	価	覚	个	坚	击	継	欠	覌	舘
거짓 가	값 가	깨달을각	낱 개	굳을 견	칠 격	이을 계	이지러질결	볼 관	집 관

關	廣	擧	經	區	國	權	歸	劇	氣
関	広	挙	経	区	国	权	帰	剧	気
관계할관	넓을 광	들 거	지낼 경	갖출 구	나라 국	권세 권	돌아올귀	심할 극	기운 기

寧	斷	團	擔	黨	對	讀	圖	獨	樂
寧	断	団	担	党	対	読	図	独	楽
편안 령	끊을 단	둥글 단	멜 담	무리 당	대할 대	읽을 독	그림 도	홀로 독	즐길 락
寧	斷	團	擔	黨	對	讀	圖	獨	樂

亂	覽	來	兩	勵	禮	聯	靈	勞	龍
乱	覚	来	両	励	礼	联	灵	労	竜
어지러질 란	볼 람	올 래	두 량	힘쓸 려	예도 례	합할 련	신령 령	수고로울 로	용 룡
亂	覽	來	兩	勵	禮	聯	靈	勞	龍

劉	離	臨	灣	萬	賣	發	變	寶	簿
刘	难	临	湾	万	売	発	変	宝	簜
모금도유	떠날 리	임할 림	물구비만	일만 만	팔 매	필 발	변할 변	보배 보	치부 부

佛	拂	辭	師	絲	寫	釋	選	聲	屬
仏	払	辞	师	糸	写	釈	迷	声	属
부처 불	떨칠 불	말씀 사	스승 사	실 사	쓸 사	풀 석	고를 선	소리 성	붙일 속

收	壽	數	濕	實	雙	亞	兒	惡	巖
収	寿	数	湿	実	双	亜	児	悪	岩
거둘 수	목숨 수	헤아릴 수	젖을 습	열매 실	두 쌍	버금 아	아이 아	모질 악	바위 암

壓	藥	嚴	餘	譯	驛	硏	演	榮	鹽
圧	薬	厳	余	訳	駅	研	演	栄	塩
누를 압	약 약	엄할 엄	남을 여	통역할 역	역마 역	갈 연	넓을 연	영화 영	소금 염

藝	譽	圓	爲	應	醫	議	貳	壹	殘
芸	誉	円	為	応	医	䜢	弐	壱	残
재주 예	명예 예	둥글 원	하 위	응할 응	의원 의	의논할 의	두 이	한 일	나머지 잔

蠶	雜	錢	傳	轉	條	戰	點	證	贊
蚕	雑	戋	伝	転	条	战	奌	証	賛
누에 잠	섞일 잡	돈 전	전할 전	구를 전	가지 조	싸움 전	점 점	증거할 증	도울 찬

參	處	鐵	廳	體	總	蟲	齒	廢	豐
参	処	鉄	庁	体	総	虫	歯	廃	豊
참례할 참	곳 처	쇠 철	대청 청	몸 체	합할 총	벌레 충	이 치	폐할 폐	풍년 풍

擇	號	畫	學	會	解	虛	賢	後	興
択	号	画	学	会	解	虚	賢	后	興
가릴 택	이름 호	그림 화	배울 학	모을 회	풀 해	빌 허	어질 현	뒤 후	일 흥

이력서 쓰기(한문)

〈인사서식 제1호〉

이 력 서

사진	출신도명	釜山市	성명	李允辰 ⑪	주민등록번호 561021-2018212
			생년월일	서기 1956년 10월 21일생 (만 29세)	

본 적	釜山市 影島區 南港洞 1街 134番地
현 주 소	서울特別市 城東區 金湖洞 3街 1321番地
호적관계	호주와의관계 子 호주성명 李書堂

년	월	일	학력 및 경력 사항	발령청
1974	3	7	釜山南港國民學校 卒業	學校長
1987	2	28	釜山東洲中學校 卒業	〃
1987	3	2	서울 京一商業高等學校 入學	〃
1990	2	10	서울 京一商業高等學校 卒業	〃
1988	10	1	文教部施行珠算檢定考試 2級合格	文教部長官
1989	11	5	大韓商工會議所主催珠算競技大會에서 入賞	大韓商工會議所 会長
			以下 省略	

131

청첩장 쓰기

1. 가정의례준칙에 의하여 청첩장은 내지 않는 것을 원칙으로 하지만 부득이한 경우에는 혼인식 전에 白紙에 깨끗하게 써서 가까운 친척이나 친지에게 알린다.
2. 인쇄물에 의한 개별 통지는 절대로 할 수 없다.
3. 청첩이나 부고의 끝에는 필히 ○○○ 귀하라고 써서 받는 사람이 누구라는 것을 明記하여야 한다.

請 牒

朴常洙氏 장남 一文君
俞天石氏 차녀 錦玉孃
위 두사람의 結婚式을 아래와 같이 擧行하게 되었기에 삼가 알려 드립니다

主禮: 成 百 鉉
請牒: 朴 銑 明

日時: 1994年 9月 7日 下午 2時
場所: 中央禮式場 2層

金 福 童 貴下

부고 쓰기

訃 告

李鍾大氏 아버님 全州李氏 相哲翁께서 1994年 10月 2日 宿患으로 別世하셨기 알려 드립니다.
　　미망인 全貞玉
　　아 들 　 鍾大
　　딸 　　　 信姬
葬　日: 1994年 10月 4日
發靷場所: 全州市 文化洞 自宅
葬　地: 文京公園墓地
　　1994年 10月 2日
　　　護喪 鄭 一 煥

부고 역시 가정의례준칙에 의하여 절대로 인쇄물에 의한 개별 통지는 할 수 없으나 부득이한 경우 白紙에 깨끗이 써서 친척들이나 가까운 친지에게 보낸다.

주 문 서

날로 사업의 번창을 바랍니다

아래적은 책을 주문하오니 급송 요망.

　　여성백과사전　　30권
　　우주생활대백과　50권

　　　　199 년 월 일

　　　　　　부산시 부산진구 범일동 10~12
　　　　　　　창문서점

화성출판사 귀하

인 수 증

　한글펜글씨교본　　300권
　서예입문　　　　　200권

　　위의 서적을 이상없이 인수함

　　　　199 년 월 일

　　　　　　　삼일서점

삼성출판사 귀하

차 용 증

일금 일백육십만원정

위의 금액을 정히 차용하고 이자는 월 3부로 정하며 반제 기간은 95년 12월 말일로 함

199 년 월 일

서대문구 영천동 24

신 정 주

이 철 민 귀하

위 임 장

본인이 청주시 성내동 15 김석철을 대리인으로 정하여 다음과 같은 행위및 결한을 위임 합니다

서울특별시 종로구 창신동 28 최문수씨에게 빌려준 금. 일백만원을 받는건.

199 년 월 일

청주시 정동 315

서 정 학